LE LIVRE des PETITS ENFANTS

Paris

PICARD, FILS AINÉ, ÉDITEUR,

38, Rue Saint-Jacques.

1845

Ai gle, A mi tié, A bri cot, Ac cord,
Ab baye, Abat - jour, As tro no mie,
A bru tis se ment, Ac cu sa teur,
A char ne ment, Ad jec tif, Ac tion,
Ad ju di ca tion, Ad mi ra tion,
Ad ver si té, Af fron ter, A gi li té.

1.

Ba del, Ba bord, Ba bil lard,
Ba chi que, Ba daud, Ba quet te,
Bai gner, Ba lan ce, Bal bu tier,
Bal con, Ba lei ne, Bal lon, Bal,
Ba lus trade, Bam bin, Ban lieue.

Ca ba ne, Ca ba ret, Cen dre,
Cha lou pe, Cham pê tre, Clai ron,
Cla ri net te, Co ca gne, Co car de,
Con cier ge, con cou rir, Crain te,
Crè me, Cui ras sier, Cui si ne,
Cu vet te, Cy gne, Ca lem bre den,

Da da, Dan te, Dé bou ton ner,
Dé char ge, Dia ble, Dia mant,
Dî ner, Dis tri bu tion, Dor mir,
Dra peau, Drô le, Drui de, Du vet,
Dé bar bouil ler, Dia ne, Dis si pé.

DAME CHINOISE.

Le costume des femmes diffère peu de celui des hommes; elles prennent grand soin de leurs chevelures, et se coiffent avec beaucoup de goût et d'élégance; elles se couvrent rarement la tête. Les fleurs artificielles, les riches épingles d'or, et de beaux papillons qui y sont mêlés, forment un contraste agréable avec leurs cheveux noirs. Les couleurs qu'elles préfèrent sont le vert et le rose. Dès l'enfance on leur serre les pieds avec des courroies pour les empêcher de grandir.

JARDINS ET CHATEAU DE VERSAILLES.

Louis XIII acheta, en 1627, la terre de Versailles et y fit construire un petit château qui servait de rendez-vous de chasse. Louis XIV résolut d'en faire sa résidence ordinaire; il fit venir les artistes les plus célèbres, et métamorphosa ce château en un palais immense. Le bâtiment et les jardins commencés, en 1661, furent terminés en 1684, et coûtèrent plus d'un milliard. Ce palais, qui n'a point d'égal en Europe, est visité par tous les étrangers qui viennent à Paris. Il possède un Musée où sont réunies toutes les gloires nationales anciennes et modernes.

VAUCLUSE (Fontaine de).

En arrivant près cette Fontaine, on voit s'échapper du milieu d'une chaîne de montagnes, comme d'un vaste entonnoir, une rivière qui monte, s'élève, et tout à coup se déborde avec une impétuosité, un bouillonnement, une écume et des chutes que le pinceau du poète, ni celui du peintre ne rendront jamais. Le tableau que Delille a tracé de ce lieu enchanteur est très exact. Cependant, il ne peut donner l'idée de ce lieu : il n'en donne que le souvenir.

Les JUIFS épars sur la surface du globe sont évalués à quatre millions environ. La Russie en possède, à elle seule, au moins neuf cent quatre-vingt mille; dans presque tous les pays il s'en trouve. Leurs ressources habituelles sont le petit commerce et l'usure. La gravure représente une jeune Juive de Maroc. Dans les états de l'empereur de Maroc, les Juifs sont très nomb ux, voleurs, escrocs et fort sales. Il n'est pas rare d'en voir décapiter ou empaler.

KREMLIN.

Le Kremlin était le palais des Czars. Il fut brûlé, en 1812, lors de l'incendie de Moscou, par les Russes, qui l'abandonnèrent à l'approche de l'armée française, commandée par Napoléon; d'une architecture à la fois gothique et moderne; ce palais dominait la plus belle partie de la ville. Napoléon faillit y perdre la vie; l'incendie l'environnait de toute part. Il dut son salut, à un officier qui découvrit une issue qui permit de quitter le Kremlin, non sans les plus grands dangers.

CORDILLIÈRES (LES).

Une chaîne immense de montagnes traverse l'Amérique méridionale dans toute son étendue du sud au nord. Elle reçoit différents noms. La Cordillière des Andes, ici représentée, offre dans toute son étendue des neiges éternelles et un grand nombre de volcans. Les sommets les plus élevés appartiennent à la partie qui couvre la Colombie. C'est là que se trouve le Chimboraco, dont la hauteur est de 3,350 toises au-dessus du niveau de la mer. La largeur de cette chaîne varie de 20 à 40 lieues; sa hauteur moyenne est de 2.400 toises.

AMSTERDAM.

Le port d'Amsterdam offre à la vue un spectacle ravissant : on voit devant soi, à droite et à gauche un foule de navires, d'embarcations et de mâts pavoisés des couleurs de toutes les nations. En pénétrant dans l'intérieur de la ville, on aperçoit de nombreux canaux qui se croisent de toutes parts, et qui sont bordés de quais plus ou moins riches, plantés d'arbres, derrière lesquels s'élèvent de belles maisons et de grands monuments.

QUAKERS (Habitation de).

Les Quakers sont les membres d'une société religieuse; ils doivent, dit-on, leur nom, qui signifie trembleurs, aux convulsions nerveuses excitées par un état fréquent d'extase. Ils se recommandent par une probité sévère et la pratique des vertus domestiques. Ils ne saluent jamais, tutoient tout le monde, ne se découvrent la tête devant personne, et ne s'agenouillent jamais. Quatre points principaux forment la base de leur doctrine : la liberté de conscience, le refus de tout serment, l'horreur de la guerre, et le refus de salarier les ministres d'un culte quelconque.

OBÉLISQUE DE LOUQSOR.

L'Obélisque de Louqsor que nous possédons sur la place de la Concorde a été donné à la France par Mehemet-Ali, pacha d'Égypte. Le bâtiment destiné au transport de ce monument gigantesque partit de Toulon en mars 1831, et était de retour en France, en 1834. Les braves marins chargé de cette expédition eurent à lutter contre la difficulté d'abattre ce monument, dont la base plongeait à 15 pieds dans le sol, et contre l'inégalité du terrain pour l'embarquement.

ZOOLASOU.

Ce peuple, de la famille des Cafres, est généralement d'une taille plus haute que celle des Hottentots; ils n'ont pas moins de cinq pieds cinq pouces; leur figure est ronde; le nez pas trop épaté; de belles dents, de beaux yeux, et la couleur du corps d'un noir bruni. Ils se tatouent beaucoup, et particulièrement la figure; leurs cheveux très crépus ne sont jamais graissés. Les arts sont peu connus chez ces sauvages, pourtant ils travaillent et forgent le fer. Leur costume de guerre est sauvage et singulier

XILOALOES.

Les Nègres sont d'un noir plus ou moins foncé; ils sont encore plongés dans la plus profonde barbarie; ils vont à peu près nus, vivent sur les arbres et dans les creux des rochers, se nourrissent de chasse et de pêche, ou des productions spontanées de la terre; ils n'ont pas la moindre trace des arts indispensables à la vie, et croupissent dans la superstition la plus affreuse. La gravure représente dix Nègres esclaves mangeant le calalou.

TOURS PENCHÉES DE BOLOGNE.

Bologne possède parmi ses monuments les plus curieux, les deux tours penchées de l'église San Bartolomeo. La plus droite de ces tours est d'une hauteur prodigieuse; l'autre, placée à côté, n'est haute que de 140 pieds, a une pente de 9 à 10 pieds et semble prête à s'écrouler. On ne sait si leur inclinaison est due à un affaissement du terrain ou au génie de l'architecte.

LAPONS.

On peut regarder le Lapon du Finmark comme le plus pur échantillon de cette race singulière. Pendant l'été, ils habitent sous des tentes ; quand l'hiver approche, ils se font une hutte avec des mottes de terre gazonnées ; ils se nourrissent généralement de gibier qu'ils se procurent facilement ; car ils sont excellents tireurs, et l'été, ils ne vivent que du laitage de leurs Rennes ; car ils fuient les terres de l'intérieur pour échapper aux insectes malfaisants qui ne cessent de les tourmenter. Le ménage et l'économie domestique des Lapons sont simples à l'excès.

GANGE (LE).

C'est le roi des fleuves de l'Indoustan. Pour les Indous, c'est un Dieu, ses eaux sont sacrées et les purifie de toute souillure. Certains Indous, hommes et femmes, se vouent à des actes de pénitence; ils font vœu d'aller chercher de l'eau du Gange pour la porter à une pagode célèbre du cap Comorin. Un animal amphibie, l'Alligator, désole les bords de ce fleuve; il saisit sa victime comme on le voit sur la gravure et fuit dans l'abîme sans que personne n'ose secourir sa proie. Ce fleuve, dont le cours a 470 lieues, arrose une vaste plaine favorable à la végétation.

HOTTENTOTS (LES)

Leur origine est inconnue; ils sont parfaitement bien faits, leur démarche est gracieuse et souple, tous leurs mouvements sont aisés. Leur visage est moins noir que celui des Nègres; leur grande parure est de se frotter la figure et tout le corps d'une sorte de pommade, composée de suie et de graisse de mouton. Les femmes ont les traits plus fins, et ont cependant le même caractère de figure: elles se parent en confusion de colliers et autres objets en verroteries.

ROME.

La ville poétique des artistes est féconde en monuments magnifiques. La belle église et la place Saint-Pierre, que représente la gravure, offrent un coup d'oeil admirable à l'observateur. Parmi les autres monuments curieux que possède cette ville, nous citerons le Panthéon, le Capitole, le pont et le château Saint-Ange, la place du Peuple, les ruines du Colysée, le Forum, etc.

MONT SAINT-MICHEL.

Le mont Saint-Michel est un des plus curieux monuments de la France. Placé au milieu d'une grève immense, il se trouve, à marée haute, entièrement entouré d'eau. La forteresse est bâtie sur la cime d'un rocher d'une hauteur prodigieuse. On y arrive par des rues formant escalier, et flanquées de baraques de pêcheurs qui forment une petite ville, qui, par sa position entre le ciel et l'eau, frappe et étonne au premier aspect. Ce château a été successivement occupé par différentes sociétés religieuses. De nos jours il sert de prison à des condamnés politiques.

Les **CHINOIS** sont en général d'une taille moyenne; leurs mains et leurs pieds sont très petits. Leur teint est jaune ou brun, suivant les lieux qu'ils habitent et leur genre de vie. Leur visage est plat, leur nez petit, les pommettes des joues sont élevées, et les yeux saillants et obliques. Les Chinois portent des vêtements très larges; le principal est une grande robe de toile. Les habits des gens riches, ordinairement en soie à fleurs, sont très dispendieux. Leurs couleurs favorites sont le bleu, le violet et le noir.

FLEUVE (LE) des Amazones.

Ce fleuve est à peu près le plus grand fleuve du monde. L'Espagnole, Orellana, fut le premier voyageur qui le remonta, en 1539, ayant vu des femmes armées sur ses bords, il lui donna le nom de fleuve des Amazones. Sa largeur est d'environ une lieue dans sa partie supérieure, et va toujours en augmentant jusqu'à son embouchure, où il a soixante lieues d'une rive à l'autre. On porte à 1,200 lieues l'étendue de son court total.

LAC MAJEUR.

Il est ainsi nommé parce qu'il est le plus grand des trois lacs de la Lombardie. Il renferme trois petites îles délicieuses, les îles Borromées. Elles sont couvertes de jardins qui abondent en oranges, citrons et fleurs de toutes espèces; le plus beau de ces jardin , o né de statues et de grottes travaillées en mosaïque, dépend d'un vaste palais, dont les appartements sont richement décorés. Les eaux de ce lac sont limpides et poissonneuses.

UN VOLCAN.

L'Hécla est un des trois fameux volcans de l'Europe; il lance ses feux à travers les glaces et les neiges d'une terre gelée. Ses éruptions sont aussi violentes que celles de l'Etna et d'autres volcans des pays méridionaux. Il jette beaucoup de cendres, des pierres ponces, et quelquefois aussi de l'eau bouillante; on ne peut pas habiter à six lieues de distance de ce volcan. Toute l'île de l'Islande où il se trouve est fort abondante en soufre.

ENVIRONS DE NAPLE .

Ce qui manque souvent à la campagne d'Italie, ce sont les arbres ; l'on en voit dans ce lieu en abondance. La terre y est couverte d'une grande quantité de fleurs. La chaleur est si grande dans cette contrée qu'il est impossible de se promener, même à l'ombre, pendant le jour. La variété des sites y est telle que les peintres en dessinent les paysages de préférence.

PYRAMIDES.

Les fameuses Pyramides d'Egypte sont à peu de distance du Caire. Les plus anciennes sont celles connues par la victoire que Bonaparte remporta non loin d'elles. On ne sait ni par qui, ni pour qu'elle destination elles ont été construites. La plus grande est bâtie sur un rocher qui s'élève à 94 pieds au-dessus de la plaine; sa base est ensevelie dans le sable. Elle est bâtie avec des pierres aussi tendre que la craie.

NIAGARA.

La rivière de Niagara, d'une longueur de douze lieues, varie d'une lieue à une lieue et demie de largeur; elle se précipite de 163 pieds de haut, par deux cataractes séparées par l'île des Chèvres. Le saut de l'ouest, disposé en fer à cheval, a 1,800 pieds de large; celui de l'est en a 1,000. Ce double saut s'annonce par un bruit effroyable; c'est moins un fleuve qu'une mer, dont les torrents se pressent à la bouche béante d'un gouffre.

Le SIMPLON est une des montagnes les plus remarquables des Alpes. La route qui fut ouverte, en 1805, par Napoléon étonne l'imagination. Des massifs de 100 pieds d'élévation soutiennent les rochers que le fer et la poudre ont ouverts. La voie traverse 22 ponts et 7 galeries, où peuvent passer trois voitures de front. Un pont de la plus audacieuse construction sert à franchir la terrible cascade que forme la chute de la Frascione, qui interrompt la route. Le point le plus haut de la montagne est de 1,033 toises.

BRÉSIL (Forêts vierges du).

Ce sont d'immenses vallées et d'énormes précipices, du fond desquels les arbres s'élancent à une hauteur extraordinaire, et souvent ils n'ont pas moins de quatre cents pieds d'élévation. Ces forêts, contemporaines du monde, subsistent aujourd'hui telles absolument que les eaux du déluge les ont laissées en se retirant. Quelque idée qu'on se fasse de la sublime magnificence de ces forêts, la réalité la surpasse encore.

INTÉRIEUR D'UNE PYRAMIDE.

On arrive d'abord dans une première galerie, longue de 74 pieds. Vient ensuite la seconde, qui monte jusqu'à la distance de 96 pieds, et conduit à une ouverture qui communique à un puits de trois pieds de profondeur. La troisième galerie, qui se termine en pointe, compte 120 pieds de hauteur. Au bout de cette galerie on trouve un passage horizontal qui conduit à une chambre où l'on voit un sépulcre vide. Quel est le corps qui reposait dans ce sépulcre? qui l'en a arraché? Voilà ce qu'aucun historien n'a pu découvrir.

PHARE.

Un Phare est une grande tour, sur laquelle est placé un fanal, ou grosse lanterne, qui sert à éclairer les vaisseaux qui sont en mer. On nomme aussi *fanal* un feu qu'on allume, pendant la nuit, sur les tours à l'entrée des ports.

FIN.

Imprimerie de DELACOUR et MARCHAND Frères, rue de Sèvres, 94, à Vaugirard.
Maison à Paris, rue Saint Jacques, 80.

LE LIVRE des PETITS ENFANTS

Paris

PICARD, FILS AINÉ, ÉDITEUR,
38, Rue Saint-Jacques.

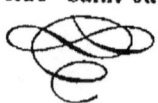

Ai gle, A mi tié, A bri cot, Ac cord,
Ab baye, Abat - jour, As tro no mie,
A bru tis se ment, Ac cu sa teur,
A char ne ment, Ad jec tif, Ac tion,
Ad ju di ca tion, Ad mi ra tion,
Ad ver si té, Af fron ter, A gi li té.

Ba del, Ba bord, Ba bil lard,
Ba chi que, Ba daud, Ba quet te,
Bai gner, Ba lan ce, Bal bu tier,
Bal con, Ba lei ne, Bal lon, Bal,
Ba lus trade, Bam bin, Ban lieue.

Ca ba ne, Ca ba ret, Cen dre,
Cha lou pe, Cham pê tre, Clai ron,
Cla ri net te, Co ca gne, Co car de,
Con cier ge, con cou rir, Crain te,
Crê me, Cui ras sier, Cui si ne,
Cu vet te, Cy gne, Ca lem bre den,

Da da, Dan te, Dé bou ton ner,
Dé char ge, Dia ble, Dia mant,
Dî ner, Dis tri bu tion, Dor mir,
Dra peau, Drô le, Drui de, Du vet,
Dé bar bouil ler, Dia ne, Dis si pé.

DAME CHINOISE.

Le costume des femmes diffère peu de celui des hommes; elles prennent grand soin de leurs chevelures, et se coiffent avec beaucoup de goût et d'élégance; elles se couvrent rarement la tête. Les fleurs artificielles, les riches épingles d'or, et de beaux papillons qui y sont mêlés, forment un contraste agréable avec leurs cheveux noirs. Les couleurs qu'elles préfèrent sont le vert et le rose. Dès l'enfance on leur serre les pieds avec des courroies pour les empêcher de grandir.

JARDINS ET CHATEAU DE VERSAILLES.

Louis XIII acheta, en 1627, la terre de Versailles et y fit construire un petit château qui servait de rendez-vous de chasse. Louis XIV résolut d'en faire sa résidence ordinaire; il fit venir les artistes les plus célèbres, et métamorphosa ce château en un palais immense. Le bâtiment et les jardins commencés, en 1661, furent terminés en 1684, et coûtèrent plus d'un milliard. Ce palais, qui n'a point d'égal en Europe, est visité par tous les étrangers qui viennent à Paris. Il possède un Musée où sont réunies toutes les gloires nationales anciennes et modernes.

VAUCLUSE (Fontaine de).

En arrivant près cette Fontaine, on voit s'échapper du milieu d'une chaîne de montagnes, comme d'un vaste entonnoir, une rivière qui monte, s'élève, et tout à coup se déborde avec une impétuosité, un bouillonnement, une écume et des chutes que le pinceau du poète, ni celui du peintre ne rendront jamais. Le tableau que Delille a tracé de ce lieu enchanteur est très exact. Cependant, il ne peut donner l'idée de ce lieu : il n'en donne que le souvenir.

Les JUIFS épars sur la surface du globe sont évalués à quatre millions environ. La Russie en possède, à elle seule, au moins neuf cent quatre-vingt mille; dans presque tous les pays il s'en trouve. Leurs ressources habituelles sont le petit commerce et l'usure. La gravure représente une jeune Juive de Maroc. Dans les états de l'empereur de Maroc, les Juifs sont très nomb ux, voleurs, escrocs et fort sales. Il n'est pas rare d'en voir décapiter ou empaler.

KREMLIN.

Le Kremlin était le palais des Czars. Il fut brûlé, en 1812, lors de l'incendie de Moscou, par les Russes, qui l'abandonnèrent à l'approche de l'armée française, commandée par Napoléon; d'une architecture à la fois gothique et moderne; ce palais dominait la plus belle partie de la ville. Napoléon faillit y perdre la vie; l'incendie l'environnait de toute part. Il dut son salut, à un officier qui découvrit une issue qui permit de quitter le Kremlin, non sans les plus grands dangers.

CORDILLIÈRES (LES).

Une chaîne immense de montagnes traverse l'Amérique méridionale dans toute son étendue du sud au nord. Elle reçoit différents noms. La Cordillière des Andes, ici représentée, offre dans toute son étendue des neiges éternelles et un grand nombre de volcans. Les sommets les plus élevés appartiennent à la partie qui couvre la Colombie. C'est là que se trouve le Chimboraco, dont la hauteur est de 3,350 toises au-dessus du niveau de la mer. La largeur de cette chaîne varie de 20 à 40 lieues ; sa hauteur moyenne est de 2.400 toises.

AMSTERDAM.

Le port d'Amsterdam offre à la vue un spectacle ravissant : on voit devant soi, à droite et à gauche un foule de navires, d'embarcations et de mâts pavoisés des couleurs de toutes les nations. En pénétrant dans l'intérieur de la ville, on aperçoit de nombreux canaux qui se croisent de toutes parts, et qui sont bordés de quais plus ou moins riches, plantés d'arbres, derrière lesquels s'élèvent de belles maisons et de grands monuments.

QUAKERS (Habitation de).

Les Quakers sont les membres d'une société religieuse; ils doivent, dit-on, leur nom, qui signifie trembleurs, aux convulsions nerveuses excitées par un état fréquent d'extase. Ils se recommandent par une probité sévère et la pratique des vertus domestiques. Ils ne saluent jamais, tutoient tout le monde, ne se découvrent la tête devant personne, et ne s'agenouillent jamais. Quatre points principaux forment la base de leur doctrine : la liberté de conscience, le refus de tout serment, l'horreur de la guerre, et le refus de salarier les ministres d'un culte quelconque.

OBÉLISQUE DE LOUQSOR.

L'Obélisque de Louqsor que nous possédons sur la place de la Concorde a été donné à la France par Mehemet-Ali, pacha d'Égypte. Le bâtiment destiné au transport de ce monument gigantesque partit de Toulon en mars 1831, et était de retour en France, en 1834. Les braves marins chargé de cette expédition eurent à lutter contre la difficulté d'abattre ce monument, dont la base plongeait à 15 pieds dans le sol, et contre l'inégalité du terrain pour l'embarquement.

ZOOLASOU.

Ce peuple, de la famille des Cafres, est généralement d'une taille plus haute que celle des Hottentots; ils n'ont pas moins de cinq pieds cinq pouces; leur figure est ronde; le nez pas trop épaté; de belles dents, de beaux yeux, et la couleur du corps d'un noir bruni. Ils se tatouent beaucoup, et particulièrement la figure; leurs cheveux très crépus ne sont jamais graissés. Les arts sont peu connus chez ces sauvages, pourtant ils travaillent et forgent le fer. Leur costume de guerre est sauvage et singulier

XILOALOÈS.

Les Nègres sont d'un noir plus ou moins foncé; ils sont encore plongés dans la plus profonde barbarie; ils vont à peu près nus, vivent sur les arbres et dans les creux des rochers, se nourrissent de chasse et de pêche, ou des productions spontanées de la terre; ils n'ont pas la moindre trace des arts indispensables à la vie, et croupissent dans la superstition la plus affreuse. La gravure représente dix Nègres esclaves mangeant le calalou.

TOURS PENCHÉES DE BOLOGNE.

Bologne possède parmi ses monuments les plus curieux, les deux tours penchées de l'église San Bartolomeo. La plus droite de ces tours est d'une hauteur prodigieuse; l'autre, placée à côté, n'est haute que de 140 pieds, a une pente de 9 à 10 pieds et semble prête à s'écrouler. On ne sait si leur inclinaison est due à un affaissement du terrain ou au génie de l'architecte.

LAPONS.

On peut regarder le Lapon du Finmark comme le plus pur échantillon de cette race singulière. Pendant l'été, ils habitent sous des tentes; quand l'hiver approche, ils se font une hutte avec des mottes de terre gazonnées; ils se nourrissent généralement de gibier qu'ils se procurent facilement; car ils sont excellents tireurs, et l'été, ils ne vivent que du laitage de leurs Rennes; car ils fuient les terres de l'intérieur pour échapper aux insectes malfaisants qui ne cessent de les tourmenter. Le ménage et l'économie domestique des Lapons sont simples à l'excès.

GANGE (LE).

C'est le roi des fleuves de l'Indoustan. Pour les Indous, c'est un Dieu, ses eaux sont sacrées et les purifie de toute souillure. Certains Indous, hommes et femmes, se vouent à des actes de pénitence ; ils font vœu d'aller chercher de l'eau du Gange pour la porter à une pagode célèbre du cap Comorin. Un animal amphibie, l'Alligator, désole les bords de ce fleuve ; il saisit sa victime comme on le voit sur la gravure et fuit dans l'abîme sans que personne n'ose secourir sa proie. Ce fleuve, dont le cours a 470 lieues, arrose une vaste plaine favorable à la végétation.

HOTTENTOTS (LES)

Leur origine est inconnue; ils sont parfaitement bien faits, leur démarche est gracieuse et souple, tous leurs mouvements sont aisés. Leur visage est moins noir que celui des Nègres; leur grande parure est de se frotter la figure et tout le corps d'une sorte de pommade, composée de suie et de graisse de mouton. Les femmes ont les traits plus fins, et ont cependant le même caractère de figure : elles se parent en confusion de colliers et autres objets en verroteries.

ROME.

La ville poétique des artistes est féconde en monuments magnifiques. La belle église et la place Saint-Pierre, que représente la gravure, offrent un coup d'oeil admirable à l'observateur. Parmi les autres monuments curieux que possède cette ville, nous citerons le Panthéon, le Capitole, le pont et le château Saint-Ange, la place du Peuple, les ruines du Colysée, le Forum, etc.

MONT SAINT-MICHEL.

Le mont Saint-Michel est un des plus curieux monuments de la France. Placé au milieu d'une grève immense, il se trouve, à marée haute, entièrement entouré d'eau. La forteresse est bâtie sur la cime d'un rocher d'une hauteur prodigieuse. On y arrive par des rues formant escalier, et flanquées de baraques de pêcheurs qui forment une petite ville, qui, par sa position entre le ciel et l'eau, frappe et étonne au premier aspect. Ce château a été successivement occupé par différentes sociétés religieuses. De nos jours il sert de prison à des condamnés politiques.

Les CHINOIS sont en général d'une taille moyenne; leurs mains et leurs pieds sont très petits. Leur teint est jaune ou brun, suivant les lieux qu'ils habitent et leur genre de vie. Leur visage est plat, leur nez petit, les pommettes des joues sont élevées, et les yeux saillants et obliques. Les Chinois portent des vêtements très larges; le principal est une grande robe de toile. Les habits des gens riches, ordinairement en soie à fleurs, sont très dispendieux. Leurs couleurs favorites sont le bleu, le violet et le noir.

FLEUVE (LE) des Amazones.

Ce fleuve est à peu près le plus grand fleuve du monde. L'Espagnole, Orellana, fut le premier voyageur qui le remonta, en 1539, ayant vu des femmes armées sur ses bords, il lui donna le nom de fleuve des Amazones. Sa largeur est d'environ une lieue dans sa partie supérieure, et va toujours en augmentant jusqu'à son embouchure, où il a soixante lieues d'une rive à l'autre. On porte à **1,200** lieues l'étendue de son court total.

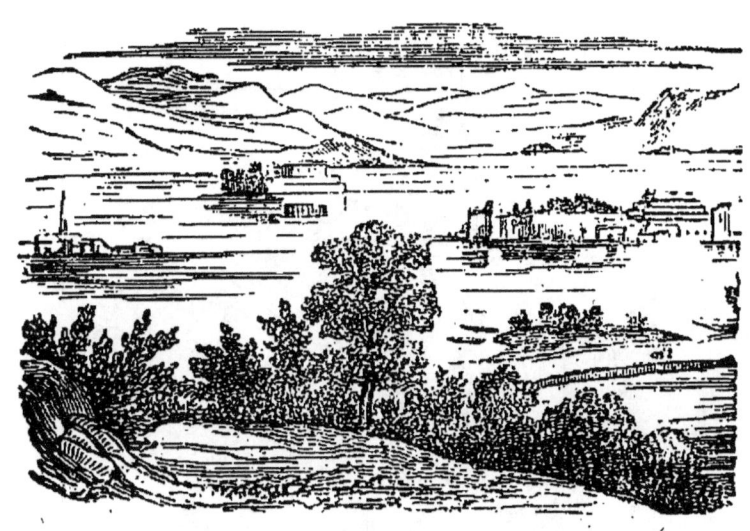

LAC MAJEUR.

Il est ainsi nommé parce qu'il est le plus grand des trois lacs de la Lombardie. Il renferme trois petites îles délicieuses, les îles Borromées. Elles sont couvertes de jardins qui abondent en oranges, citrons et fleurs de toutes espèces; le plus beau de ces jardin , o né de statues et de grottes travaillées en mosaïque, dépend d'un vaste palais, dont les appartements sont richement décorés. Les eaux de ce lac sont limpides et poissonneuses.

UN VOLCAN.

L'Hécla est un des trois fameux volcans de l'Europe; il lance ses feux à travers les glaces et les neiges d'une terre gelée. Ses éruptions sont aussi violentes que celles de l'Etna et d'autres volcans des pays méridionaux. Il jette beaucoup de cendres, des pierres ponces, et quelquefois aussi de l'eau bouillante; on ne peut pas habiter à six lieues de distance de ce volcan. Toute l'île de l'Islande où il se trouve est fort abondante en soufre.

3.

ENVIRONS DE NAPLE .

Ce qui manque souvent à la campagne d'Italie, ce sont les arbres ; l'on en voit dans ce lieu en abondance. La terre y est couverte d'une grande quantité de fleurs. La chaleur est si grande dans cette contrée qu'il est impossible de se promener, même à l'ombre, pendant le jour. La variété des sites y est telle que les peintres en dessinent les paysages de préférence.

PYRAMIDES.

Les fameuses Pyramides d'Egypte sont à peu de distance du Caire. Les plus anciennes sont celles connues par la victoire que Bonaparte remporta non loin d'elles. On ne sait ni par qui, ni pour qu'elle destination elles ont été construites. La plus grande est bâtie sur un rocher qui s'élève à 94 pieds au-dessus de la plaine; sa base est ensevelie dans le sable. Elle est bâtie avec des pierres aussi tendre que la craie.

NIAGARA.

La rivière de Niagara, d'une longueur de douze lieues, varie d'une lieue à une lieue et demie de largeur; elle se précipite de 163 pieds de haut, par deux cataractes séparées par l'île des Chèvres. Le saut de l'ouest, disposé en fer à cheval, a 1,800 pieds de large; celui de l'est en a 1,000. Ce double saut s'annonce par un bruit effroyable; c'est moins un fleuve qu'une mer, dont les torrents se pressent à la bouche béante d'un gouffre.

Le SIMPLON est une des montagnes les plus remarquables des Alpes. La route qui fut ouverte, en 1805, par Napoléon étonne l'imagination. Des massifs de 100 pieds d'élévation soutiennent les rochers que le fer et la poudre ont ouverts. La voie traverse 22 ponts et 7 galeries, où peuvent passer trois voitures de front. Un pont de la plus audacieuse construction sert à franchir la terrible cascade que forme la chute de la Frascione, qui interrompt la route. Le point le plus haut de la montagne est de 1,033 toises.

BRÉSIL (Forêts vierges du).

Ce sont d'immenses vallées et d'énormes précipices, du fond desquels les arbres s'élancent à une hauteur extraordinaire, et souvent ils n'ont pas moins de quatre cents pieds d'élévation. Ces forêts, contemporaines du monde, subsistent aujourd'hui telles absolument que les eaux du déluge les ont laissées en se retirant. Quelque idée qu'on se fasse de la sublime magnificence de ces forêts, la réalité la surpasse encore.

INTÉRIEUR D'UNE PYRAMIDE.

On arrive d'abord dans une première galerie, longue de 74 pieds. Vient ensuite la seconde, qui monte jusqu'à la distance de 96 pieds, et conduit à une ouverture qui communique à un puits de trois pieds de profondeur. La troisième galerie, qui se termine en pointe, compte 120 pieds de hauteur. Au bout de cette galerie on trouve un passage horizontal qui conduit à une chambre où l'on voit un sépulcre vide. Quel est le corps qui reposait dans ce sépulcre? qui l'en a arraché? Voilà ce qu'aucun historien n'a pu découvrir.

PHARE.

Un Phare est une grande tour, sur laquelle est placé un fanal, ou grosse lanterne, qui sert à éclairer les vaisseaux qui sont en mer. On nomme aussi *fanal* un feu qu'on allume, pendant la nuit, sur les tours à l'entrée des ports.

FIN.

Imprimerie de DELACOUR et MARCHAND Frères, rue de Sèvres, 94, à Vaugirard.
Maison à Paris, rue Saint Jacques, 80.

www.ingramcontent.com/pod-product-compliance
Lightning Source LLC
LaVergne TN
LVHW021719080426
835510LV00010B/1041